조울의 파도를 타고

파람 이승신 시집

작가의 말

 20대 초 한창 피어오르는 꽃 같은 나이에 조울증 발작이 일어나 30 여년간 간헐적으로 입 퇴원을 반복했다.

 수시로 당하던 결박과 감금, 입속에 털어 넣어야 했던 독성 강한 약들... 환청, 망상, 불면의 밤에 시달리며 혼자 하던 놀이 -

네이밍, 중매쟁이 놀이에 삼신할미 놀이, 글자 수 맞추어 말 만들기, 색연필로 귀여운 그림 그리기, 헛소리하기, 그 와중에 대학강의까지 나가고...

 지난 30년을 뒤돌아보면 안으로 침잠했던 시간들이 제일 행복했다. 가장 불행했을 때의 나의 그림은 밝고 유머러스 했으며, 사랑스런 아가들을 주로 그린것을 보면 나에게 내재된 모성애가 크지 않았나 싶다. 그건 내가 타고난 천성이었던 것 같다.

시를 사랑하는 마음을 간직해 온 것이 꿈같은 인연으로 시인이신 박소향 대표님을 만나 함께 공부도 하고, 놀아줄 친구들도 만나며 부끄럽지만 작은 책을 세상에 내놓게 되었다.

      그간 나와 함께 했던
      나를 스쳐갔던
      나의 인연이었던 누구라도
      감사한다.

      2025년 봄빛이 완연한 3월 마지막 날에 ....

              파람 이승신

차 례

제1장

붓	8
불면	10
동침	12
해로	14
바람	16
여명	18
사랑1	20
사랑2	22
열정	24
오후	26

제2장

모정	30
연가	32
배려	34
중형	36
인연	38
사랑3	40
가족	42
뿌리	44
함정	46
사랑4	48

제3장

함성	52
세월	54
사랑5	56
각성	58
오수	60
안부	62
묘약	64
반전1	66
한계	68
비밀	70

제4장

비상	74
혼돈1	76
혼돈2	78
반전2	80
봄날	82
헌사	84
순간1	86
사랑6	88
선물1	90
동반	92

차 례

제5장

사랑7	96
절개	98
허무	100
낙화	102
선물2	104
애욕	106
시작	108
개화1	110
순간2	112
군무	114

제6장

화답	118
가을	120
노을	122
심장	124
개화2	126
시샘	128
울림	130
JK	132
G-dragon	134
임윤찬	136

제1장

- 붓
- 불면
- 동침
- 해로
- 바람
- 여명
- 사랑1
- 사랑2
- 열정
- 오후

붓

딸이 미쳤다
울면서 붓들었다
화가 울 엄마

불면

새벽 세 시 반
길고도 괴로워라
불면의 밤은

동침

깊은 겨울밤
그대와의 놀이로
지새볼까나

해로

지는 이녁과
짝꿍 맺고 살아서
참 좋았어라

- 드라마 역적에 나오는 대사 -

바람

인연이라고
굳게 믿었었는데
스침이었네

- 조울의 파도를 타고 17 -

여명

디제이 처리
하양게 불태웠다
올 나잇 파티

사랑1

내게로 와서
의미가 되어 버린
그대라는 꽃

사랑2

언제 어디든
그대 이름 부르면
포근한 느낌

열정

너는 의리파
패딩 속 핫팩처럼
뜨거운 남자

오후

녹음 진 정원
보글보글 자쿠지
한잔의 와인

제2장

- 모정
- 연가
- 배려
- 중형
- 인연
- 사랑3
- 가족
- 뿌리
- 함정
- 사랑4

모정

참 편리하죠
뭐든 다 해주니깐
엄마라는 건

연가

연리지 사랑
뿌리가 다른 나무
한 몸이 되네

배려

피아노 음색
스펙트럼이 넓어
오케스트라

중형

시란 어쩌면
진실인지 모른다
피가 보튼다

- 조울의 파도를 타고 37 -

인연

눈이 부셔라
그대 눈에 뜨는 별
다이아몬드

★ 별이된 소영이

사랑3

넌 나쁜 남자
희망 고문을 하는
잔인한 새끼

가족

치열한 중년
내 디엔에이 동생
행복하기를

- 조울의 파도를 타고 43 -

뿌리

나는 한국인
어느 곳에 내놔도
자랑스러운

함정

사랑의 묘약
럽포션 넘버 나인
영원한 중독

사랑4

오! 일편단심
심지에 단(丹)을 품은
그대 무궁화

제3장

- 함성
- 세월
- 사랑
- 각성
- 오수
- 안부
- 묘약
- 반전1
- 한계
- 비밀

함성

피었다 졌다
다시 피어나는 꽃
무궁화라네

세월

냇가에 됴화
하염없이 흐르고
나도 흐르네

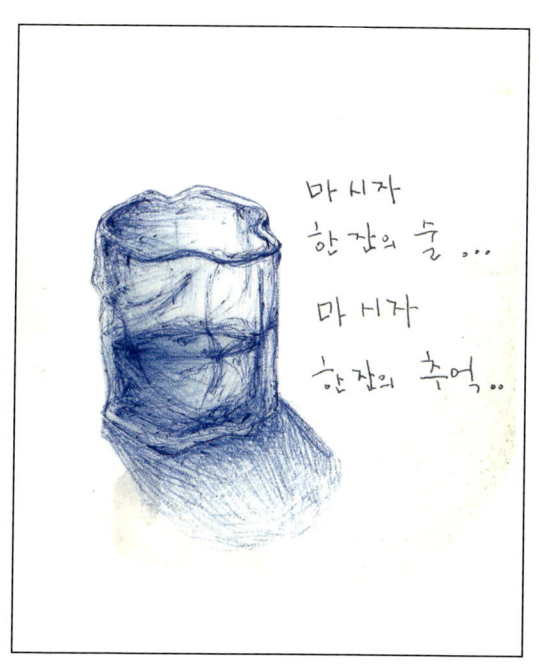

마시자
한잔의 술...
마시자
한잔의 추억..

사랑5

야! 너 좋겠다
하늘이가 너 좋대
만우절 바보

각성

칭찬해 주자
참을 인자 새기자
보듬어 주자

오수

나른한 오후
참말 달큰 하구나
낮잠 삼십 분

안부

기약 없는 님
언제나 오시려나
살아는 있나

묘약

고흐가 그린
은가시가 돋아난
핏빛 장미꽃

반전1

욕하지 마요
바람둥이가 아닌
박애주의자

한계

인류란 종족
딱 멸망할 만큼만
스마트한 듯

비밀

이건 몰랐지?
난 니가 생각하는
바보가 아냐

제4장

- 비상
- 혼돈1
- 혼돈2
- 반전2
- 봄날
- 헌사
- 순간1
- 사랑6
- 선물1
- 동반

비상

용서 안 되는
발칙한 상상이여
나래를 펴라

혼돈 1

붉은 마녀여
죽을 때까지 춰라
유혹의 춤을

혼돈2

검은 마녀여
외우고 또 외워라
저주의 주문

반전 2

그대란 남자
무늬만 나쁜 남자
맘은 비단결

봄날

나비 한 마리
신의 귀여운 작품
데칼코마니

헌사

스승의 은혜
나를 키워주는 힘
하늘 같아라

-박소향 선생님께 헌정하는 시-

순간

솔 니제리아*
칠흑 속에 피는 꽃
만 년에 한 번

*솔 니제리아 : 검은 태양

사랑 6

연애라는 것
행복 행 특급 열차
주도권 싸움

선물1

아르카디아
왕비를 위한 정원
극진한 사랑

동반

난 너의 동지
라이벌이 아니라
괜한 승부욕

제5장

- 사랑7
- 절개
- 허무
- 낙화
- 선물2
- 애욕
- 시작
- 개화1
- 순간2
- 군무

사랑7

남녀의 만남
러브 케미스트리
너무 어려워

절개

살을 지져도
칼 물고 엎어져도
아닌 건 아님

허무

이루어진다
별에 소원을 빌면
웃기지 마라

- 조울의 파도를 타고 101 -

낙화

장미 병들다
정말 애처롭구나
시든 꽃송이

선물 2

인생을 살며
멘토가 있다는 건
참 행운이다

애욕

나르시소스
자기한테 반했네
치명적 미모

시작

겨울 끝에 봄
봄바람의 훈훈함
애무를 하네

개화1

봄이 오면은
만화가 꽃을 피네
계절의 여왕

순간2

봄날 내리는
아름다운 벚꽃은
초속 십 센티

군무

쿵따꿍 드럼
심장이 같이 뛰고
흥겨운 리듬

제6장

- 화답
- 가을
- 노을
- 심장
- 개화2
- 시샘
- 울림
- JK
- G-dragon
- 임윤찬

화답

쇼팽의 녹턴
아름다운 야상곡
절대 하모니

가을

저기 보이는
이삭 줍는 아낙네
어여쁘구나

노을

해지는 들녘
소 몰고 가는 아이
우워어 허이

심장

북소리 두둥
어메 나도 갈라요
날 밟고 가라

개화 2

까르르 깔깔
꼬마들 웃음소리
천진난만해

시샘

동생이 생겨
엄마를 빼앗겼다
시샘이 났다

울림

신이 내리신
검은 꿀 성대 용복
왕자님 자태

이용복(필릭스) 아이돌 그룹
'스트레이 키즈'에서 저음부를 맡고 있는 가수

JK

춤을 추면서
황홀경에 빠지는
풍부한 표정

JK : bts에서 제일 막내인 전정국

G-dragon

춤선도 곱고
가사도 촌철살인
명곡 제조기

G-dragon 권지용 : 작사, 작곡, 춤,
프로듀싱 등 다방면에 능함

임윤찬

피아노의 신
한음을 찾기 위해
몇만 번 연습

임윤찬: 클래식 피아노의 돌풍을 몰고 온 피아니스트

파람(波藍) 이승신 시인의

단가 시집 **"조울의 파도를 타고"** 발간을 축하하며…

 파란만장한 인생의 역정을 당차게 걸으면서 영혼의 빛을 안고, 자신만의 세계를 가꿔온 이승신 작가의 단가 시집 "조울의 파도를 타고"의 발간을 축하드립니다.

 이승신 시인은 일본 하이쿠처럼 5,7,5 자수를 맞추어 단가를 지었습니다.

 세간에 일본 작가의 작품을 번역판으로 출간한 사례는 가끔 있어 왔지만, 순수한 자신만의 창작으로 하이쿠 를 접목시킨 시집을 발간하는 일은 거의 없는 한국 문단에서, 오직 하이쿠의 형식을 따른 작품만을

선보이는 작가의 단심을 높이 평가하며 한국문학의 다양성에 기대와 희망을 가져봅니다.

"하이쿠"는 일반인이나 심지어 문인들조차도 잘 알지 못하거나, 다소 곡해하는 부분이 왕왕 있어 온 대중에게 그리 보편적이지 않은 일본 시문학의 한 장르입니다.

 과거 일본의 고대인들이 서로 어울려 여흥을 즐기면서, 즉흥적으로 번갈아 이어 부르던 노래를 "와카(和歌)"라고 하는데, 이는 "렌가(連歌)"의 원형으로서 단가와 장가로 나뉘어, 단가인 경우 5,7,5,7,7 자수 연행이며, 이를 반복적으로 이어나가는 것을 장가로 분류합니다.

 이러한 "와카"나 "렌가"의 형식을 토대로 승려나 지식인 계층에서 구도적, 철학적 내용을 함축하고자 후반부인 7,7을 생략하고 5,7,5로 표현하며 이어져 내려온 것이 지금의 "하이쿠"라고 할 수 있습니다

"와카"의 태동 당시 일본에서는 우리나라 고대 표기법인 "향찰"과

흡사한 "만요가나"가 있었고, "와카"나 "렌가" 역시 "만요가나"의 표기를 따랐으나, 이후 "하이쿠"로 이어오면서 현재 일본어인 "하라가나, 가타가나"의 어법을 준용하고 있으므로, "하이쿠"를 잘 이해하기 위해서는 필수적으로 일본어를 선행 습득하여야 할 것입니다.

 본래 일본의 문화는 중국과 고구려, 백제, 신라의 영향을 지대하게 받았다고 할 수 있고, 하이쿠의 외형은 중국 한시의 고체시 중 "5,7,잡언"의 형식을 따랐다고 추론하며, 내형은 고구려, 백제, 신라 향가의 민속적 정서와 유사하다고 할 수 있습니다.

 작가의 작품은
하이쿠의 외형인 5,7,5를 준수하고 있어 엄정하게 하이쿠의 문형을 따르고 있으나, 정통 하이쿠의 어법을 활용하고 표현하는 데는 한국어와 일본어의 특성상 차이가 있으므로 굳이 글자 수에 얽매일 필요는 없다고 봅니다.

 동시에 향후 공감적 차원에서 한층 성숙된 작품으로 화답 또는 발표하리라 믿어 의심치 않습니다.

아울러 작가의 정서와 역량으로 미루어볼 때, 한국 고대 문학인 향가, 고려 가요, 조선 시조 등의 한국적 작품에도 진일보한 도전이 있을 것으로 기대하며, 작가의 앞날에 따뜻한 격려와 축복을 보내는 바입니다

2025년 4월 2일 청포 이동윤

에필로그....

재미있으셨습니까?
저는 재미있었습니다
제 젊은 날의 추억이 될
이 책이
그대들의 공감을 많이 얻었으면
더욱 기쁘겠습니다

감사합니다.
그럼 안녕히....

이승신 첫 시집

조울의 파도를 타고

초판 인쇄 ‖ 2025년 4월 25일
초판 발행 ‖ 2025년 4월 30일

지 은 이 ‖ 이승신
발 행 인 ‖ 박소향

발 행 처 ‖ 도서출판 지식과사람들
등록번호 ‖ 2020-000053
주　　소 ‖ 서울 중구 퇴계로 217 (진양상가 675호)
대표전화 ‖ 010-8976-1277
E-mail ‖ miryarm@daum.net
I S B N ‖ 979-11-986704-2-7
정　　가 ‖ 18,000원

인지는 저자와의 합의로 생략합니다.
잘못된 책은 바꿔드립니다.